Torsten Müller

Evaluierung der SAP HANA Technologie

ERP und Business Intelligence

GRIN Verlag

Bibliografische Information der Deutschen Nationalbibliothek:

Die Deutsche Bibliothek verzeichnet diese Publikation in der Deutschen National-
bibliografie; detaillierte bibliografische Daten sind im Internet über http://dnb.d-
nb.de/ abrufbar.

Impressum:

Copyright © 2014 GRIN Verlag GmbH
Druck und Bindung: Books on Demand GmbH, Norderstedt Germany
ISBN: 978-3-656-63025-8

Dieses Buch bei GRIN:

http://www.grin.com/de/e-book/270979/evaluierung-der-sap-hana-technologie

GRIN - Your knowledge has value

Der GRIN Verlag publiziert seit 1998 wissenschaftliche Arbeiten von Studenten, Hochschullehrern und anderen Akademikern als eBook und gedrucktes Buch. Die Verlagswebsite www.grin.com ist die ideale Plattform zur Veröffentlichung von Hausarbeiten, Abschlussarbeiten, wissenschaftlichen Aufsätzen, Dissertationen und Fachbüchern.

Besuchen Sie uns im Internet:

http://www.grin.com/

http://www.facebook.com/grincom

http://www.twitter.com/grin_com

Evaluierung der SAP HANA Technologie

Torsten Mueller

Inhaltsverzeichnis

I. Abbildungsverzeichnis

II. Tabellenverzeichnis

1   Einleitung

In der heutigen Zeit ist das größte und wichtigste Kapital eines Unternehmens sein Wissen, auf dessen Grundlage oft wichtige Entscheidungen der Unternehmensspitze getroffen werden. Dieses Wissen ist in Form von Daten in meist unzähligen Datenbanken abgelegt. Gerade bei großen Konzernen häuft sich über die Jahre eine sehr große Datenmenge an, wodurch es immer schwieriger und kostenintensiver wird, auf diese Daten gezielt zuzugreifen. Bei noch mehr Daten, die für die nahe Zukunft erwartet werden, wird dieses Problem noch gravierender und somit eine immer größere Herausforderung für die Unternehmen.

Die bisherigen Verfahren um diese Datenmengen sinnvoll und zielgerichtet aufzuarbeiten, basieren meist auf unterschiedlichen Systemen. So werden operative und analytische Daten in unterschiedlichen Datenbanken gespeichert. Sollen diese Daten nun ausgewertet werden, um z.B. zukünftige Unternehmensstrategien festzulegen, werden die Daten in einem aufwendigen Verfahren in ein Data-Warehouse (DWH) importiert. Dieser Prozess kann je nach Datenmenge mehrere Tage in Anspruch nehmen, wodurch die Daten schon wieder „veraltet" sein könnten und somit für den Entscheidungsträger nur noch bedingt von Nutzen sind.

Dieses Problem wurde von IT-Unternehmen erkannt und so wurden verschiedene Systeme entwickelt, um derartige Analysen sehr viel schneller bzw. im Idealfall in sogar Echtzeit durchzuführen. Eines dieser Systeme ist das von der SAP AG[1] entwickelte HANA[2] System, welches auf einer In-Memory-Technologie basiert, um komplexe Analysen von großen Datenmengen zu beschleunigen.

In dieser Arbeit soll die HANA Technologie evaluiert werden. Dabei werden die Konzepte, die zur Beschleunigung von daten- und rechenintensiven Analysen notwendig sind beschrieben und mögliche Einsatzgebiete erörtert. Des Weiteren soll eine Applikation mit der HANA Technologie in der Amazon Cloud entwickelt werden, um somit die Einsatzmöglichkeiten besser definieren zu können.

---

[1] http://www.sap.com
[2] http://www.saphana.com

2   Was ist SAP HANA?

Die Hauptprodukte der SAP AG ist SAP ERP (Enterprise Resource Planning) und SAP BW (Business Warehouse). Beide sind sehr stark miteinander verbunden, nutzen jedoch im Backend nicht die gleichen Datenbanken. Das ERP System wird benutzt, um Kundendaten zu speichern, Bestellungen zu verwalten, Lieferungen zu verfolgen und Rechnungen zu überprüfen. Es werden damit also „Live-Daten" verwaltet.

Ganz anders beim BW System. Dieses System wird für Reports und Analysen benutzt. Hierzu werden Daten aus dem ERP System geladen und aufwendig aufbereitet, um sie dann auswerten zu können. Diese Trennung der Daten wird deshalb vorgenommen, um das Live-System nicht mit aufwendigen Auswertungen zu belasten, was jedoch zu langsamen oder verspäteten Reports führen kann. Diese Probleme sollen mit SAP HANA beseitigt werden.

SAP ERP	SAP BW
Live-System (Realtime)	Reporting-System (Zeitverzögert)
Speichert Daten in Datenbanken	Importiert Daten und bereitet sie auf
INSERT- und UPDATE-Operationen	SELECT-Operationen

Tabelle 1: Vergleich SAP ERP und SAP BW

SAP HANA wird als Appliance vermarktet, d.h. das Produkt wird als kombiniertes System aus Soft- und Hardware geliefert. Dadurch soll sichergestellt werden, dass nur von der SAP AG geprüfte Systemteile benutzt werden und somit das bestmögliche Ergebnis erzielt werden kann.

HANA arbeitet mit einer speziellen In-Memory-Technologie, wodurch die gesamte Datenbank im Arbeitsspeicher gehalten wird. Dies ist gegenüber normalen Festplatten deutlich schneller.

2.1   SAP HANA Architektur

Wie bereits erwähnt, wird SAP HANA als Appliance vermarktet. Die Hauptbestandteile des HANA Server-System besteht also zum einen Teil aus der

Hardware und zum anderen aus der Software, welche im Folgenden näher beschrieben werden.

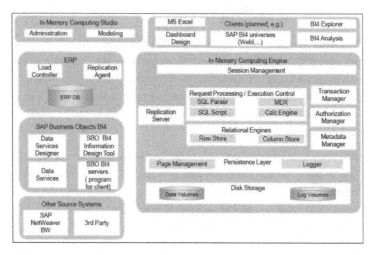

Abbildung 1: SAP HANA Architektur [SAP13]

Eine komplette Übersicht über die die HANA Architektur und die zur Verfügung gestellten Schnittstellen ist in Abbildung 1 zu sehen.

2.1.1 Hardware

Da HANA sehr auf parallele Verarbeitung setzt, gibt SAP vor, dass Server eingesetzt werden, die möglichst viele CPU´s haben, die jeweils mehrere Kerne besitzen.

Die meisten Datenbanken (wie z.B. Oracle Database) legen möglichst viele Daten im Hauptspeicher ab, um schnell darauf zugreifen zu können. Dies sind vor allem Tabellen, auf die häufig zugegriffen wird. SAP HANA geht hier einen Schritt weiter und legt die komplette Datenbank in den Hauptspeicher. Aus diesem Grund muss der Hauptspeicher möglichst groß dimensioniert sein. So hat z.B. IBM – einer der Partner im SAP HANA Bereich – 2012 einen Server entwickelt, der insgesamt 100TB Hauptspeicher zur Verfügung hat. Diese Kapazitäten würden ausreichen, um die Daten der weltweit acht größten SAP Kunden zu verarbeiten [IBM12].

2.1.2 Software

Die SAP HANA Datenbank Software, die auf einem Server installiert wird, vereint mehrere Technologien, die SAP bereits seit längerem im Einsatz hat und die sich im Einsatz bewährt haben:

- **MaxDB**

  MaxDB ist ein Relationales Datenbankmanagementsystem (RDBMS), welche bis 2004 unter der Bezeichnung SAP DB bekannt war. MaxDB ist im Vergleich zu anderen großen RDBMS, wie z.B. von Oracle, relativ simpel aufgebaut und hat geringe Systemvoraussetzungen. Die Das Datenbanksystem kann zum Betrieb für SAP ERP, aber auch SAP BW eingesetzt werden. Es hat eine *„hohe Zuverlässigkeit und Verfügbarkeit sowie Skalierbarkeit und ein sehr umfangreiches Set von Features"* [MA09, 29].

- **TREX**

  TREX ist eine von SAP entwickelte Search-Engine, die seit 2000 eine Komponente der NetWeaver Plattform ist. TREX arbeitet bereits mit der In-Memory-Technologie und benutzt optimierte Datenstrukturen, wie die spaltenorientierte Speicherung von Datenbankinformationen, wodurch auch der Speicherplatz reduziert werden kann.

- **P*Time**

  P*Time ist eine Technologie der Firma *Transact in Memory* und wurde im Jahr 2005 von SAP akquiriert. P*Time ist ein leichtgewichtiges Relationales Datenbankmanagementsystem, welches als OLTP System eingesetzt werden kann. Das System arbeitet dabei mit einer In-Memory-Technologie mit einer zeilenorientierten Speicherung von Datenbankinformationen.

Diese drei Technologien sind die Hauptbestandteile von SAP HANA und bilden das Rückgrat der In-Memory-Technologie, die von SAP *NewDB* genannt wird.

Ein weiterer wichtiger Bestandteil von SAP HANA ist die spaltenorientierte Speicherung der Daten (column-based). Üblicherweise speichert ein RDBMS die Daten zeilenweise (row-based) in einer Tabelle ab, ähnlich wie in einem Microsoft Excel-Sheet, was jedoch gerade bei großen Datenbanken ein Nachteil der der Geschwindigkeit sein kann. Um dies zu verdeutlichen, wird im folgendem der Aufbau einer zeilenorientierten und einer spaltenorientierten Speicherung verglichen.

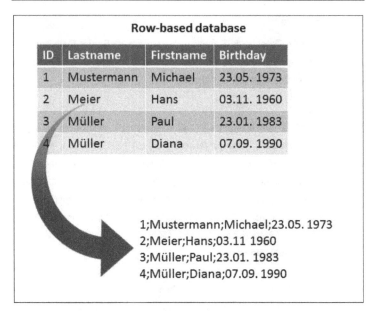

Abbildung 2: Zeilenorientierte Speicherung (row-based)

Im Gegensatz zur zeilenorientierten Speicherung, speichert eine spaltenorientierte Datenbank die Daten genau umgekehrt, wie in Abbildung 3 zu sehen ist.

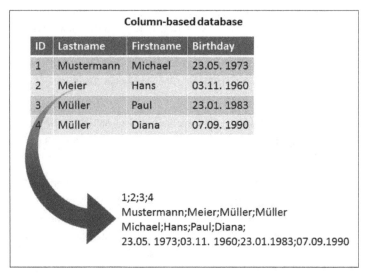

Abbildung 3: Spaltenorientierte Speicherung (column-based)

Für den Benutzer ändert sich an der Zugriffsart der Daten nichts. Es können weiterhin die gleichen SELECT- oder UPDATE-Statements verwendet werden, lediglich innerhalb der Datenbank ändert sich die Art der Datenhaltung. Durch diese Änderung können Daten sehr viel schneller selektiert werden als bei einer zeilenorientierten Speicherung. Dies ist gerade im Reporting-Bereich ein entscheidender Vorteil, da die Ergebnisse viel schneller beim Endbenutzer ankommen.

Ein weiterer Vorteil ist, dass deutlich weniger Speicherplatz durch Kompression zur Verfügung steht. Die Zeile mit den Nachnamen aus dem Beispiel-Datensatz in Abbildungen 3 kann demnach wie folgt abgespeichert werden:

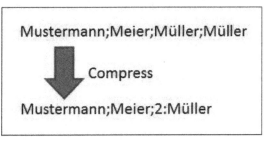

Abbildung 4: Komprimierung von Daten

Bei mehreren Millionen Datensätzen in einem Data-Warehouse-System können dadurch erhebliche Mengen an Speicherplatz eingespart werden, wodurch auch die Geschwindigkeit der Abfragen gesteigert werden kann. Mit dieser Komprimierung können oftmals bis zu 95% des Speicherplatzes eingespart werden [RJ12], was auch die operativen Kosten senkt.

2.2   In-Memory-Technologie

Mit der In-Memory-Technologie ist gemeint, dass Informationen aus Datenbanken nicht mehr von Festplatten oder teuren SAN-Storages (Storage Area Network) gelesen werden, sondern die Daten in einem sehr großen Arbeitsspeicher vorzuhalten. Durch die immer günstigeren RAM-Module lassen sich inzwischen Server aufbauen, die mehrere hundert GB Arbeitsspeicher haben. Die dadurch erheblich schnelleren Zugriffszeiten eröffnen neue Möglichkeiten im Data-Warehouse-Bereich.

Da die Daten jedoch in einem flüchtigen Speicher abgelegt werden, ergeben sich daraus auch Risiken. Bei einem Systemabsturz oder Stromausfall, werden die Daten direkt aus dem Speicher gelöscht. Bei businesskritischen Systemen ist dieser Umstand natürlich nicht akzeptabel. Um dieses Problem gar nicht erst aufkommen zu lassen, wurde in SAP HANA ein *Persistence Layer* integriert, der das schreiben auf einen nichtflüchtigen Speicher regelt und somit über ein Fallback-Szenario verfügt. Persistenz bedeutet in diesem Fall, dass Daten dauerhaft über die Laufzeit eines Programmes oder Systems gespeichert bleiben.

SAP HANA stellt dies durch regelmäßiges schreiben auf Festplatte oder SAN-Storage sicher. Ein Schreibvorgang auf Platte wird immer dann ausgeführt, wenn ein Savepoint erreicht wurde. Zusätzlich werden alle Änderungen in einem Log gespeichert, welches nach jeder Transaktion – also nach einem COMMIT – festgeschrieben wird. Nach einem Systemabstürzt startet die Datenbank dann ähnlich wie festplattenbasierte Datenbanken und stellt den letzten konsistenten Zustand wieder her, indem die Logs, die nach dem letzten Savepoint angefallen sind, ausgeführt werden. Auf diese Weise ist ein Datenverlust auch nach einem Recovery-Fall ausgeschlossen.

3   SAP HANA Studio

SAP HANA ist nicht nur eine Datenbank, auf die mittels der SAP-eigenen Programmiersprache ABAP oder Java zugegriffen werden kann, sondern auch
mit jeder anderen Programmiersprache. Dies ist durch eine ODBC-
Schnittstelle möglich, die HANA bereitstellt. Mit dem SAP HANA Studio können also nicht nur SQL-Scripts und Views erzeugt werden, sondern auch eine
auf dem HANA Server liegende Anwendungslogik implementiert werden. So
lassen sich z.B. mit Hilfe von dem HTML5 und JavaScript basierenden SAP UI
Development Toolkit für HTML5 (SAPUI5)[3] Anwendungen entwickeln, die voll-
kommen auf die HANA Technologie abgestimmt sind. Es ist somit eine An-
sammlung von Tools, die es ermöglichen eine HANA Applikation zu entwickeln und eine HANA Datenbank zu verwalten.

Das SAP HANA Studio basiert auf Eclipse[4], eine freie integrierte Entwick-
lungsumgebung (IDE), welche sich als Standard in vielen Entwicklungsprojek-
ten durchgesetzt hat. Mit dem HANA Studio kann somit der komplette Le-
benszyklus einer Anwendung abgebildet und verfolgt werden.

3.1   Voraussetzungen

Da das SAP HANA Studio auf Eclipse aufbaut, was eine Java-Applikation ist,
kann das Studio auf nahezu jeder Plattform installiert werden. Folgendes sind
die laut SAP unterstützen Plattformen und Systemvoraussetzungen:

- Microsoft Windows x32 und x64 Versionen von
    o Windows XP
    o Windows Vista
    o Windows 7
    o Windows 8
- SUSE Linux Enterprise Server SLES 11: x86 64-bit Version
- Java JRE 1.6 oder 1.7 (x32 oder x64, je nach Betriebssystem)
- Zugriff auf Java Runtime muss für den ausführenden User erlaubt sein

---

[3] https://sapui5.netweaver.ondemand.com/sdk/
[4] http://www.eclipse.org/

3.2   Installation

Die Installation erfolgt in zwei Schritten. Zuerst muss der SAP HANA Client installiert werden. Dieser stellt Bibliotheken zur Verfügung, um von einem Windows-Client auf den HANA Datenbank-Server zugreifen zu können. Danach folgt die Installation des SAP HANA Studios, das für die eigentliche Entwicklung benötigt wird.

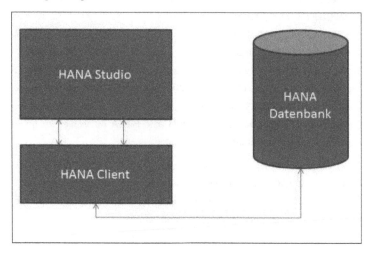

Abbildung 5: SAP HANA Datenbank, Client und Studio

Die Installations-Pakete von SAP HANA Client und Studio können unter http://scn.sap.com/community/developer-center/hana/ heruntergeladen werden. Hier ist darauf zu achten, dass die korrekte Plattform ausgewählt wird (32bit oder 64bit).

HANA Client	HANA Studio	
HANA Client Developer Edition		
Select file for download	Size(Appr.)	Platform
SAP HANA Client Developer Edition (version 1.00.56)	42 MB	Win86 32bit
SAP HANA Client Developer Edition (version 1.00.56)	83 MB	Win86 64bit
SAP HANA Client Developer Edition (version 1.00.56)	135 MB	Linux86 32bit
SAP HANA Client Developer Edition (version 1.00.56)	222 MB	Linux86 64bit

Abbildung 6: Download von SAP HANA Client und Studio

Beide Installations-Pakete haben eine automatische Installations-Routine, die nach dem entpacken der ZIP-Dateien gestartet werden muss.

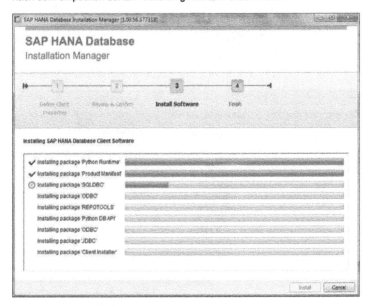

Abbildung 7: Installation des SAP HANA Clients

Nach der Installation kann das HANA Studio entweder über das Windows Start-Menü, oder direkt im Standard-Installationspfad *„C:\Program Files\sap\hdbstudio"* gestartet werden.

3.3   Eclipse-Konfiguration

Bevor die Entwicklung einer HANA Web-Applikation beginnen kann, müssen die SAP HANA Cloud Tools in Eclipse eingebunden werden.

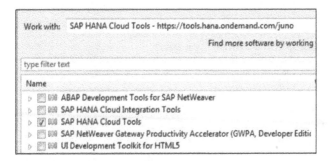

Abbildung 8: Installation SAP HANA Cloud Tools

Dies geschieht mit Hilfe des Plugin-Installers, der in Eclipse integriert ist. Eine Beschreibung findet man auf https://tools.hana.ondemand.com.

Als nächstes muss ein Test- bzw. Trial-Account auf ondemand.com (https://account.hanatrial.ondemand.com) angelegt werden. Sobald der Trial-Account erstellt ist, muss dieser noch in den Eclipse-Einstellungen unter „Window → Perferences → Server → SAP HANA Cloud" konfiguriert werden.

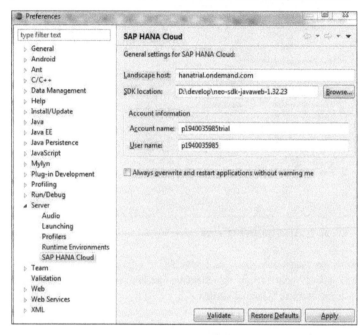

Abbildung 9: Konfiguration des SAP HANA Cloud Trial Accounts

Damit sind die Voraussetzungen geschaffen, um eine SAP HANA Web-Applikation zu entwickeln, die in der HANA Cloud lauffähig ist.

3.4 Amazon Cloud Konfiguration

Da die SAP HANA Lizenzen sehr teuer sind und ein solches System für eine Evaluierung überdimensioniert ist, wird eine HANA Instanz in der Amazon Cloud[5] angelegt. Da Amazon die Kosten pro CPU-Stunde berechnet, werden sich die Gesamtkosten für eine Beispiel-Applikation in Grenzen halten.

---

[5] http://aws.amazon.com/

Eine Anleitung zum Anlegen und Verwalten einer SAP HANA Instanz in der Amazon Cloud findet sich auf der SAP Webseite unter http://scn.sap.com/docs/DOC-28294 und soll hier nicht weiter detailliert werden.

Nachdem die Instanz erstellt wurde, werden alle benötigten Daten in einer Übersicht gezeigt.

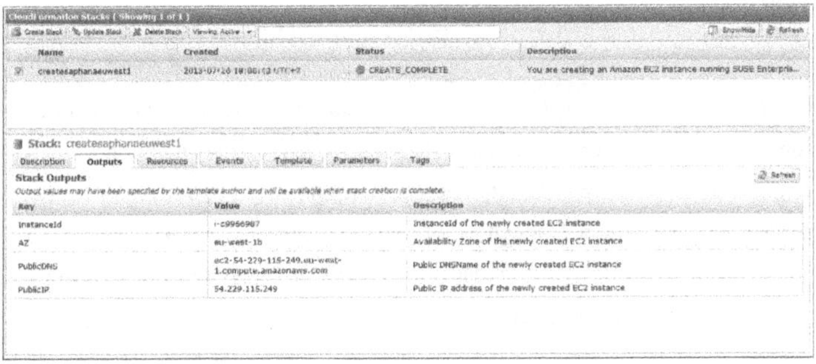

Abbildung 10: Informationen zur SAP HANA Instanz in der Amazon Cloud

Aus Kostengründen wurde die kleinste Variante des Cloud-Systems gewählt, welche als *m2.xlarge* bezeichnet wird.

Typ	Ausstattung
Instance-Familie	RAM-optimiert
Instance-Type	m2.xlarge
Prozessorarchitektur	64-Bit
vCPU	2
EC2-Recheneinheiten	6.5
Arbeitsspeicher (RAM)	17.1GB
Instance-Speicher	1 x 420GB

Tabelle 2: Amazon Cloud-System m2.xlarge [AMA13]

3.5 Arbeiten mit SAP HANA Studio

Das SAP HANA Studio kann in mehrere Perspektiven eingeteilt werden, die jeweils unterschiedliche Funktionen zur Verfügung stellen.

SAP HANA Systems

Die SAP HANA Systems Perspektive ist eine der wichtigsten Ansichten im Studio. Es wird dazu verwendet, sich am HANA Backend anzumelden und das dort gespeicherte Repository zu verwalten. Die dort hinterlegten Datenbank-Objekte werden im Catalog angezeigt und können im Editor bearbeitet werden.

Project Explorer:

Der Project Explorer zeigt alle Quellcode-Dateien, die zu einem Projekt gehören. Diese werden direkt aus dem Repository vom Server geladen und lokal angezeigt. Werden neue Dateien erstellt, können diese einzeln oder als komplettes Projekt in das Repository übergeben werden. Das Repository stellt gleichzeitig eine Versionskontrolle zur Verfügung, wodurch die Quellecode-Verwaltung übersichtlicher und sicherer wird.

Modeler:

Mit Hilfe der Modeler Perspektive können Attribute Views (Join von Stammdaten-Tabellen), Analytical Views (wertet Attribute Views aus) und Calculation Views (komplexe Berechnungen) erstellt werden. Des Weiteren können komplexe Kalkulations-Modelle erstellt werden, die auf SQL basieren.

SAP HANA Development:

Stellt alle Funktionen bereit, die für die Entwicklung von SAP HANA XS (Extended Application Services) benötigt werden. Dies betrifft die reine Entwicklung, Testing, Debugging und ein komplettes Lifecycle-Management.

Debug:

Die Debug-Perspektive kann beim Testen von Applikationen verwendet werden. Es werden erweiterte Funktionen wie z.B. Break-Points oder das Überwachen von Variablen-Zuständen zur Verfügung gestellt.

Administration Console:

Die Administration Console erlaubt es, administrative Tasks direkt auf dem HANA System auf dem Server durchzuführen. So können z.B. neue User angelegt, Zugriffrechte angepasst werden, oder Services gestartet bzw. gestoppt werden.

4 Entwicklung einer ersten Applikation

Die zu entwickelnde Applikation soll die grundlegenden Funktionen von SAP HANA verdeutlichen, indem Test-Tabellen erzeugt und auswertet werden.

Um dies zu ermöglichen, muss mittels des SAP HANA Studios eine Verbindung zur Instanz in der Cloud aufgebaut werden. Danach werden einige Beispiel-Tabellen erzeugt und eine View zur Auswertung der Daten angelegt.

4.1 Verbinden mit SAP HANA

Um eine Verbindung mit dem SAP HANA Studio aufzubauen, muss im Tab „SAP HANA Systems" ein neuer Eintrag angelegt werden. Hier werden wie in Abbildung 11 zu sehen, der *Hostname* und die *Instance Number* konfiguriert.

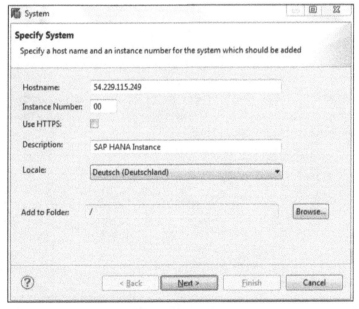

Abbildung 11: Konfigurieren der SAP HANA Instanz im HANA Studio

Der Hostname wurde in Form einer IP-Adresse beim Anlegen der Instanz im Amazon-Webportal mitgeteilt. Die Instance Number ist in diesem Fall *00*, da noch keine anderen HANA Systeme unter diesem Amazon-Konto angelegt wurden.

4.2 Tabellen und Testdaten

Zuerst wird ein Schema „shop" erzeugt, wodurch eine Art Arbeitsumgebung innerhalb der Datenbank erstellt wird, indem wir eigene Tabellen anlegen können. Das zweite Statement in Abbildung 12 dient dazu, dass SAP HANA Rechte auf das neue Schema erhält, wodurch wir später in der Lage sind eigene Views zu erstellen.

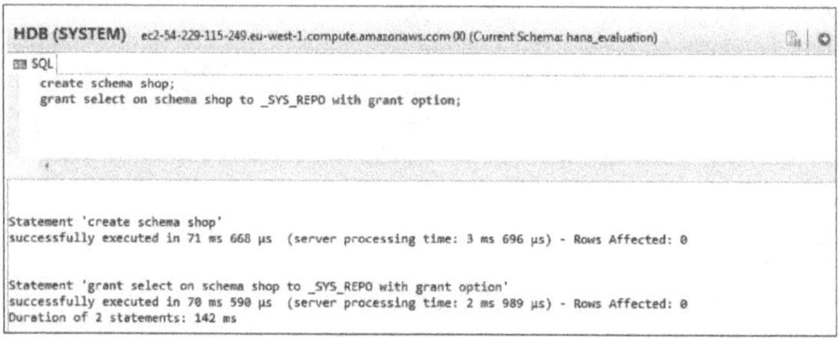

```
HDB (SYSTEM)  ec2-54-229-115-249.eu-west-1.compute.amazonaws.com 00 (Current Schema: hana_evaluation)

SQL
    create schema shop;
    grant select on schema shop to _SYS_REPO with grant option;



Statement 'create schema shop'
successfully executed in 71 ms 668 µs  (server processing time: 3 ms 696 µs) - Rows Affected: 0

Statement 'grant select on schema shop to _SYS_REPO with grant option'
successfully executed in 70 ms 590 µs  (server processing time: 2 ms 989 µs) - Rows Affected: 0
Duration of 2 statements: 142 ms
```

Abbildung 12: Schema "shop" erstellen

Als nächstes werden zwei Tabellen erstellt. Die „users"- und die „invoices"-Tabelle. Um die Vorteile von SAP HANA nutzen zu können, werden die Tabellen im column-based Modus erzeugt.

```
create column table shop.users
(
    id integer not null,
    first_name varchar(50) not null,
    last_name varchar(50) not null,
    primary key (id)
);

create column table shop.invoices
(
    id integer not null,
    users_id integer not null,
    invoice_date date not null,
    invoice_amount double not null,
    primary key (id)
);
```

Tabelle 3: Erstellen der "users"- und „invoices"-Tabellen

Um Auswertungen durchführen zu können, müssen noch einige Testdaten in die Tabellen eingefügt werden. Dies wird mittels einfachen INSERT-Statements gemacht.

```
insert into shop.users values (1, 'Firstname01', 'Lastname01');
insert into shop.users values (2, 'Firstname02', 'Lastname02');
insert into shop.users values (3, 'Firstname03', 'Lastname03');
insert into shop.users values (4, 'Firstname04', 'Lastname04');
insert into shop.users values (5, 'Firstname05', 'Lastname05');

insert into shop.invoices values (1, 1, to_date('01.01.1980','DD.MM.YYYY'), 100.4);
insert into shop.invoices values (2, 1, to_date('01.02.1980','DD.MM.YYYY'), 120.5);
insert into shop.invoices values (3, 1, to_date('01.03.1980','DD.MM.YYYY'), 94.6);
insert into shop.invoices values (4, 2, to_date('01.01.1980','DD.MM.YYYY'), 100.5);
insert into shop.invoices values (5, 3, to_date('01.06.1980','DD.MM.YYYY'), 120.6);
insert into shop.invoices values (6, 2, to_date('01.03.1980','DD.MM.YYYY'), 94.7);
insert into shop.invoices values (7, 2, to_date('01.01.1980','DD.MM.YYYY'), 100.6);
insert into shop.invoices values (8, 3, to_date('01.04.1980','DD.MM.YYYY'), 120.7);
insert into shop.invoices values (9, 2, to_date('01.03.1980','DD.MM.YYYY'), 94.8);
insert into shop.invoices values (10, 2, to_date('01.09.1981','DD.MM.YYYY'), 100.7);
insert into shop.invoices values (11, 3, to_date('01.02.1981','DD.MM.YYYY'), 23.56);
insert into shop.invoices values (12, 5, to_date('01.03.1981','DD.MM.YYYY'), 123.7);
insert into shop.invoices values (13, 4, to_date('01.01.1980','DD.MM.YYYY'), 100.8);
insert into shop.invoices values (14, 5, to_date('01.02.1980','DD.MM.YYYY'), 232);
...
```

Tabelle 4: Einfügen von Testdaten

4.3   Package

Ein Package in SAP HANA ist eine logische Gruppierung von Datenbankob-
jekten, die zusammengehören. Wobei Objekte aus unterschiedlichen Packages trotzdem im gleichen Projekt verwendet werden können. Der Zugriff auf
andere Packages ist also gewährleistet. Es handelt sich somit um die gleiche
Terminologie wie in SAP ERP bzw. BW.

Um ein Package zu erstellen, muss in die Modeler Perspektive im HANA Studio gewechselt werden.

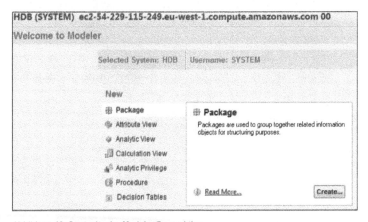

Abbildung 13: Startseite der Modeler Perspektive

Für die Evaluierung wird nur ein einziges Package benötigt, indem die benötigten Datenbankobjekte abgelegt werden können. Das Package wird wie in Abbildung 14 dargestellt angelegt und hat den Namen „shop". Außer dem Namen sind alle weiteren Felder optional auszufüllen.

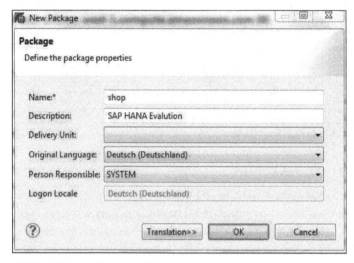

Abbildung 14: Neues Package erstellen

4.4   Attribute View

Attribute Views werden in SAP HANA dazu verwendet, um eine benutzerspezifische Ansicht der Daten zu erstellen. Hierzu können einzelne Tabellen benutzt werden, oder auch komplexere Abfragen, die mehrere Tabellen miteinander in Beziehung setzt. Attribute Views bilden die Grundlage für spätere Auswertungen der Daten und sind somit eine der wichtigsten Objekte in SAP HANA.

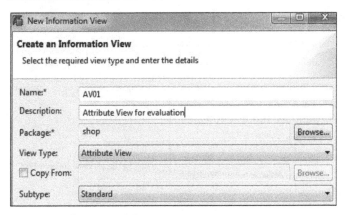

Abbildung 15: Erstellen eines Attribute Views

Nachdem die Attribute View angelegt wurde (siehe Abbildung 15), wird die Abfrage definiert, um die gewünschten Daten zurückzuliefern. Hierzu werden die Tabellen „users" und „invoices" ausgewählt und miteinander in Beziehung gesetzt.

Abbildung 16: Verknüpfung von "users"- und "invoices"-Tabelle

Da bisher nur eine Relation zwischen den zwei Tabellen hergestellt wurde, jedoch noch keine Daten ausgegeben werden, muss noch definiert werden, welche Spalten für die Auswertungen relevant sind. Hierzu werden die einzelnen Spalten angeklickt und in das Output-Fenster gezogen. So entsteht eine neue Projektion der selektierten Daten.

Bevor die View nun im weiteren Verlauf benutzt werden kann, muss sie noch validiert und aktiviert werden. Dies wird mit Hilfe des Button „*Save and Activate*" (⚙ ▾) gemacht.

4.5   Auswertungen – Data Preview

Mit Hilfe der Data Preview Funktion können die Daten nun ähnlich wie in einem Excel-Sheet auf sehr einfach Weise visualisiert und ausgewertet werden.

Mit einem rechtsklick auf AV01 (Attribute View) kann man in die Data Preview Ansicht wechseln. Hier können die Daten in der bekannten Tabellenansicht (Raw Data) angezeigt werden, was jedoch weiteren Aufwand für Analysen und Reports erfordern würde. Um die Daten nun visuell auszuwerten, wechselt man in den Reiter „Analysis", in dem weitere Funktionen zur Verfügung gestellt werden.

Abbildung 17: Attribute View AV01

Es können nun Attribute ausgewählt werden, die vorher in der Attribute View selektiert wurden. Jedes Attribut kann separat oder auch kombiniert mit weiteren Attributen ausgewertet werden, wodurch sich sehr viele Möglichkeiten der Datenanalyse ergeben.

So kann man mit nur wenigen Klicks eine grafische Auswertung der umsatzstärksten Kunden anzeigen lassen. Hierzu wählt man das Attribut „LAST_NAME" als Label aus und das Attribut „INVOICE_AMOUNT" als Value. Hierdurch wird automatisch eine Gruppierung auf den Nachnamen vorgenommen und die Rechnungsbeträge werden aufsummiert.

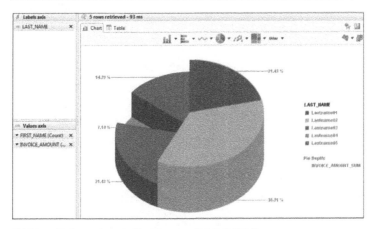

Abbildung 18: Auswertung der Umsätze, gruppiert nach Kunde

Dadurch entsteht ein mächtiges Werkzeug, um die unterschiedlichsten Datenanalysen in Echtzeit auszuführen. Ein weiteres Beispiel zur Analyse der Umsatzentwicklung, indem die Summe aller Rechnungen pro Rechnungstag gebildet wird, ist in Abbildung 19 zu sehen.

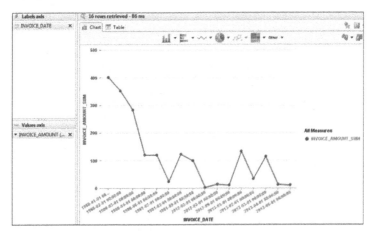

Abbildung 19: Umsatzentwicklung über alle Rechnungen

5   Zusammenfassung

Nachdem eine Beispiel-Applikation in SAP HANA implementiert wurde, kann man zusammenfassend sagen, dass alle geplanten Tests erfolgreich abgeschlossen wurden. Eine SAP HANA Instanz wurde in der Amazon Cloud installiert und konfiguriert. Mittels des SAP HANA Studios konnte auf diese Instanz zugegriffen werden und Tabellen konnten angelegt und analysiert werden.

Dadurch, dass die Technologie nicht nur theoretisch, sondern auch mit Hilfe der Amazon Cloud praktisch getestet werden konnte, ergibt sich ein sehr viel besserer Überblick über die Einsatzmöglichkeiten. Die Kosten für den Betrieb einer SAP HANA Instanz bei Amazon sind sehr gering, was mit den sehr hohen Lizenzkosten von SAP nicht zu vergleichen ist, wobei hier auch noch die Hardwarekosten dazukommen würden.

Die Evaluierung der SAP HANA Technologie hat ergeben, dass die Technik noch nicht sehr verbreitet ist, es jedoch zahlreiche Einsatzmöglichkeiten im analytischen Bereich gibt, die gerade für große Unternehmen sehr interessant sein könnten. Somit zeichnet sich ab, dass sich zukünftig mehr und mehr Unternehmen mit der Technik auseinandersetzen werden bzw. sogar müssen, da HANA ein zentraler Bestandteil des SAP Lösungspakets wird. In-Memory-Lösungen gab es zwar auch vorher schon, jedoch ist SAP der einzige Softwarehersteller, der diese Technik als eine der Kernkomponenten einsetzen wird und die Kunden aktiv von einem Einsatz überzeugen will.

Trotz allem wird SAP HANA sicherlich nicht auf allen zukünftigen SAP Systemen zu finden sein. So werden Unternehmen nicht alle Daten auf In-Memory-Systemen verwalten und auch weiterhin traditionelle Datenbanktechniken von SAP oder auch anderen Anbietern einsetzen.

Literaturverzeichnis

[MA09]   **MySQL AB, 2009**
           Das offizielle MySQL 5-Handbuch - Studentenausgabe: Konfi-
           guration, Administration, Entwicklung und Optimierung (Sonsti-
           ge Bücher AW),
           Addison-Wesley Verlag; Auflage: 1 (27. Mai 2009)

Internetquellen

[AMA13]   **Amazon Web Services Inc.**
           aws.amazon.com
           Amazon EC2-Instance – Details
           http://aws.amazon.com/de/ec2/instance-types/instance-details/
           27.07.2013

[IBM12]   **IBM Corporation, 2012:**
           www.ibm.com
           IBM and SAP create the world's largest SAP HANA system
           http://www.ibm.com/solutions/sap/us/en/landing/100tb_hana.html
           19.07.2013

[RJ12]   **Ripma, John, 2012:**
           www.secure-24.com
           SAP HANA: An In-Memory Computing Overview
           http://www.secure-24.com/sap-hana-overview/
           17.07.2013

[SAP13]   **SAP AG, 2013:**
           www.saphana.com
           SAP HANA Studio - Overview
           http://www.saphana.com/docs/DOC-1217
           23.07.2013

Glossar

Appliance	Produkt-Kombination aus Hardware und Software
BW	Business Warehouse – SAP Lösung für ein Data-Warehouse
Cloud	Stellt Rechenkapazität dynamisch nach Bedarf über Netzwerk zur Verfügung
DWH	Data-Warehouse – Datenbank, die Daten aus unterschiedlichen Quellen zusammenführt
ERP	Enterprise-Resource-Planning – Unternehmensressourcenplanung
HTML5	Textbasierte Auszeichnungssprache, welche hauptsächlich im Internet (WWW) eingesetzt wird
JDBC	Java Database Connectivity – Datenbankschnittstelle der Java-Plattform
JRE	Java Runtime Environment – Laufzeitumgebung der Java-Plattform
MaxDB	Ein Relationales Datenbankmanagementsystem von der SAP AG
ODBC	Open Database Connectivity – Standardisierte Datenbankschnittstelle
OLTP	Online Transaction Processing – Ist ein Benutzungsparadigma von Datenbanksystemen, bei dem die Verarbeitung ohne nennenswerte Zeitverzögerung stattfindet
P*Time	In-Memory OLTP RDBMS
RDBMS	Relationales Datenbankmanagementsystem
SAN	Storage Area Network – Netzwerk zur Anbindung von Festplattensubsystemen
TREX	Search-Engine der SAP AG

A. Anhang

a. SQL Scripts

```
-- schema anlegen und rechte vergeben
create schema shop;
grant select on schema shop to _SYS_REPO with grant option;


-- test-tabellen erstellen
create column table shop.users
(
    id integer not null,
    first_name varchar(50) not null,
    last_name varchar(50) not null,
    primary key (id)
);

create column table shop.invoices
(
    id integer not null,
    users_id integer not null,
    invoice_date date not null,
    invoice_amount double not null,
    primary key (id)
);


-- test-daten einfügen
insert into shop.users values (1, 'Firstname01', 'Lastname01');
insert into shop.users values (2, 'Firstname02', 'Lastname02');
insert into shop.users values (3, 'Firstname03', 'Lastname03');
insert into shop.users values (4, 'Firstname04', 'Lastname04');
insert into shop.users values (5, 'Firstname05', 'Lastname05');

insert into shop.invoices values (1, 1, to_date('01.01.1980','DD.MM.YYYY'), 100.4);
insert into shop.invoices values (2, 1, to_date('01.02.1980','DD.MM.YYYY'), 120.5);
insert into shop.invoices values (3, 1, to_date('01.03.1980','DD.MM.YYYY'), 94.6);
insert into shop.invoices values (4, 2, to_date('01.01.1980','DD.MM.YYYY'), 100.5);
insert into shop.invoices values (5, 3, to_date('01.06.1980','DD.MM.YYYY'), 120.6);
insert into shop.invoices values (6, 2, to_date('01.03.1980','DD.MM.YYYY'), 94.7);
insert into shop.invoices values (7, 2, to_date('01.01.1980','DD.MM.YYYY'), 100.6);
insert into shop.invoices values (8, 3, to_date('01.04.1980','DD.MM.YYYY'), 120.7);
insert into shop.invoices values (9, 2, to_date('01.03.1980','DD.MM.YYYY'), 94.8);
insert into shop.invoices values (10, 2, to_date('01.09.1981','DD.MM.YYYY'), 100.7);
insert into shop.invoices values (11, 3, to_date('01.02.1981','DD.MM.YYYY'), 23.56);
insert into shop.invoices values (12, 5, to_date('01.03.1981','DD.MM.YYYY'), 123.7);
insert into shop.invoices values (13, 4, to_date('01.01.1980','DD.MM.YYYY'), 100.8);
insert into shop.invoices values (14, 5, to_date('01.02.1980','DD.MM.YYYY'), 232);
```

Tabelle 5: SQL-Script zum Anlegen und Befüllen der Tabellen